Sumario

Cómo funciona este libro

Este libro fue creado para dar respuestas simples, prácticas y efectivas a las principales cuestiones relativas al neuro-mercadeo y sus influencias relacionadas en la rama de la neuroeconomía.

El objetivo: permitir al lector una buena comprensión del tema, utilizando un texto lo suficientemente corto como para terminar la lectura aprovechando los muchos momentos de espera y estancamiento del día.

Está dirigido a todos aquellos que necesiten adquirir una información completa sobre el marketing neuronal, mientras que puede ser utilizado como un texto resumido por los usuarios avanzados, es decir, aquellos que ya han estudiado el tema en el pasado. Así, los lectores más experimentados podrán repasar de nuevo los principales puntos operativos.

Los métodos socráticos y de asociación se utilizan para promover la comprensión y el aprendizaje de los temas tratados. Los temas principales se desarrollan en respuestas a 7 preguntas, cada una de las cuales está diseñada para transmitir gradualmente la información.

Cada respuesta está organizada de manera que pueda ser leída y memorizada en unos 5 minutos, para un total de lectura que no comprometa al lector más allá de 45 minutos. Al final obtendrá toda la información necesaria para dominar el tema, de manera que pueda mantener una conversación de negocios sobre el mismo; por ejemplo, en reuniones con posibles proveedores o prestadores de servicios, colegas o responsables de alto nivel de su empresa.

El texto está diseñado para transferir información al lector de manera gradual, por lo que es aconsejable proceder de manera lineal en la lectura, sin saltarse partes que podrían ser cruciales para comprender los siguientes pasos.

Introducción

En las siguientes páginas descubrirá los fundamentos de cómo funciona el marketing neuronal. El objetivo es hacer accesible esta información al amplio público profesional, que no está directamente involucrado en el campo de la psicología publicitaria, pero que puede beneficiarse (por varias razones) de estos conocimientos especializados.

El consumidor final también puede beneficiarse del descubrimiento de nuevas técnicas de marketing neurológico, aprendiendo a comprenderse mejor a sí mismo y a la forma en que se estructuran sus procesos de toma de decisiones.

A menudo estas elecciones parecen tener sentido en el momento de la compra, pero igualmente irracionales e ilógicas cuando se regresa a casa con el bolso en la mano. Cuando tienes frío, te das cuenta de que no deberías haber comprado esa camiseta, ese DVD, ese inútil accesorio de cocina o cualquier otra cosa destinada a permanecer sin usar en nuestros hogares.

En un pasado reciente, la única manera de comprender lo que ocurría en la mente del consumidor era administrar una serie de pruebas o reactivos mentales, con la esperanza de que los resultados ofrecieran respuestas interesantes y suficientemente amplias.

Estas pruebas consistían en una lista muy larga y compleja de aburridas preguntas estandarizadas, con escalas de control que ayudaban al investigador a evaluar la sinceridad de las respuestas dadas.

Aunque los resultados de esas investigaciones eran a menudo apreciables, nunca fueron realmente exhaustivos; siempre fue una zona gris difícil de investigar y comprender.

Por una parte, la tecnología de la investigación de mercados y la medición de los consumidores había hecho grandes progresos, mientras que, por otra, algunos mecanismos de adopción de decisiones seguían siendo completamente oscuros y desconocidos. En otras palabras, sucede que durante estas encuestas las personas ofrecen respuestas ambiguas, aparentemente contradiciendo sus motivaciones o elecciones racionales de compra.

Los seres humanos comenzaron a considerarlos como lo que eran, una compleja maraña de emociones, pensamientos y sensaciones muy alejadas del homo oeconomicus que se remonta a los estudios clásicos de economía, es decir, guiados en sus elecciones por la racionalidad y el interés exclusivo de cuidar sus deseos individuales.

Gracias a las investigaciones y descubrimientos científicos más recientes, hoy sabemos que la mente racional es sólo una de las partes que contribuye a la toma de decisiones de compra.

Los recientes métodos de investigación neurológica han permitido observar en tiempo real lo que ocurre en la mente de un individuo cuando toma una decisión de compra.

Esto ha dado lugar a un modelo de mediación entre diferentes instancias de la mente, muchas de ellas completamente ajenas no sólo a los anunciantes más experimentados, sino también a los propios consumidores. Estos procesos se han convertido en la base de un nuevo campo de estudio: el neuromarketing.

1. ¿Qué es el neuromarketing?

En los últimos años, las fronteras de la comercialización se han extendido a una infinidad de nuevas oportunidades, ideas, estrategias y logros.

En un período relativamente corto de tiempo hemos sido testigos del advenimiento de Internet y el crecimiento de la comercialización directa, la evolución de la publicidad no convencional y el boca a boca. Entre estas numerosas aperturas, un lugar especial (y a menudo subestimado) ha sido ocupado por las técnicas de neurocomercialización y neuroeconomía.

Sin embargo, lo que ha sido posible hoy gracias a las técnicas cada vez más avanzadas y tecnológicas de investigación del pensamiento humano, hasta ayer podía parecer simple y pura ciencia ficción.

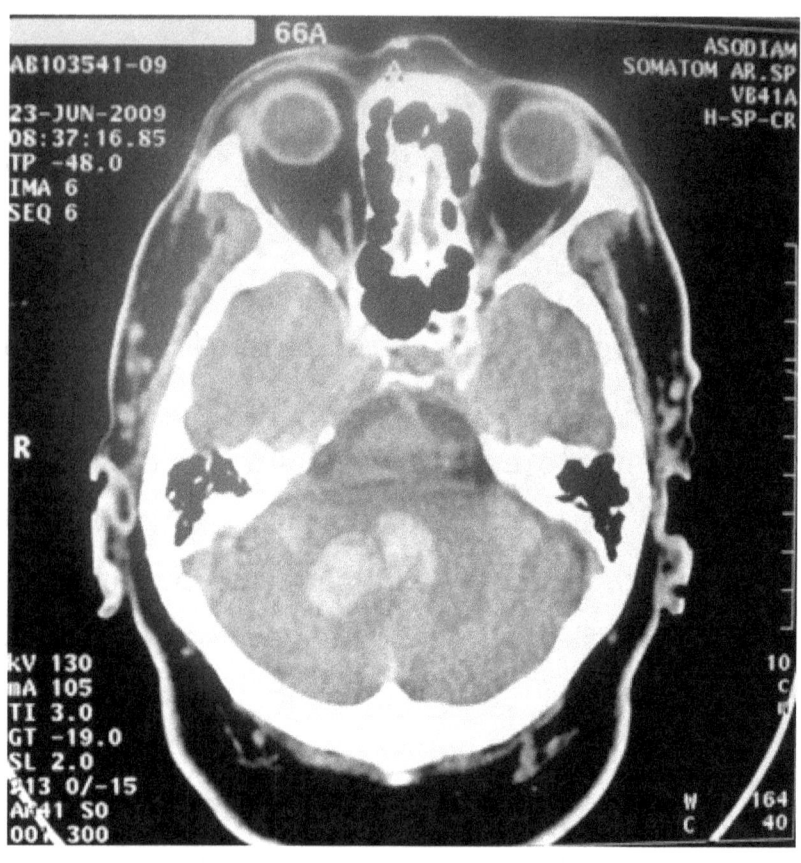

(En la imagen, una fotografía de un escáner cerebral tal y como aparece durante una Tomografía Axial Computada).

Como confirman los descubrimientos más recientes, el cerebro humano se está volviendo simplemente transparente (El cerebro transparente como un cristal - Nuevas técnicas de investigación, Corriere.it); por primera vez podemos observar de forma extremadamente precisa lo que ocurre dentro de nuestra cabeza.

Los resultados obtenidos con estos métodos de exploración son la base de lo que leerá en esta guía. En muchos casos han llevado a la formulación de hipótesis y teorías contrarias sobre opciones de consumo aparentemente lógicas y racionales.

En este sentido, el nacimiento del neuro-marketing ha sido aceptado como la preciosa clave interpretativa de un mundo de consumo en el que se hace difícil comprender plenamente las opciones de compra; por un lado encontramos procesos hiperlineales como los que se dan en la lógica de las tiendas de descuento.

17

Por otro lado tenemos las construcciones mentales irracionales típicas de los productos de marca, que se venden a decenas o cientos de múltiplos de su valor intrínseco real.

Otras veces el consumidor y el productor tienden a fusionarse, en una mezcla en la que el cliente puede decidir en el momento de ordenar cómo debe ser el producto final, tanto es así que se ha acuñado un nuevo término: prosumer (de la unión de productor y consumidor).

Si miramos rápidamente a la historia de la publicidad moderna, podemos ver que dos grandes puntos fijos han caracterizado su evolución. La primera está representada por el uso constante de los descubrimientos más recientes derivados de las ciencias y técnicas psicológicas; la segunda se centra en los métodos para comprender sobre qué base un cliente hace sus propias elecciones de descarte o compra.

Para describir la forma en que funciona la mente humana, se han sucedido varias metáforas. Desde el evolucionista darwinista hasta la caja negra, una caja negra en la que sólo se podían investigar las entradas y salidas, sin posibilidad de observar los procesos internos de toma de decisiones.

El neuromarketing finalmente disipó el mito de la mente como un incomprensible objeto de producción de elecciones.

Si ofreciéramos una definición de lo que es el marketing neuronal, podríamos decir que corresponde a:
rama científica de estudio y análisis de las elecciones de compra de los seres humanos, basada en los procesos neurológicos que tienen lugar en el cerebro del consumidor.

El marketing neuronal ofrece información contraintuitiva sobre lo que capta nuestra atención y lo que influye profundamente en nuestras decisiones. Las respuestas son simples si sabemos dónde buscar, porque ya están en algún lugar de nuestras mentes. El propósito de este análisis es igual de simple: comprender finalmente lo que impulsa a un consumidor hacia un producto en lugar de otro.

La disciplina del neuro-marketing se ocupa, por lo tanto, de crear vínculos y encontrar los puntos de relación entre el comportamiento de compra y la actividad del cerebro humano. Es un punto de inflexión, porque es imposible comprender las reacciones del cerebro de un individuo simplemente preguntándole lo que está pensando; las personas pueden ser conscientes de su propio flujo de pensamiento, pero no de cómo funciona su cerebro.

El reto es alcanzar un nuevo nivel de comprensión de los mecanismos psíquicos, a fin de satisfacer aún mejor las necesidades de consumo.

Por ejemplo: la comprensión de las motivaciones de las compras impulsivas puede ayudar a las personas a ser más conscientes de sus elecciones, así como a las empresas a lograr un mayor nivel de satisfacción entre sus clientes.

Como acabamos de señalar, si se quiere entender las motivaciones de una compra, no basta con preguntarle al cliente por qué hizo esa elección específica.

Por muy sincera y coherente que sea la respuesta, un individuo puede verse influenciado sin su conocimiento por creencias inconscientes, miedos, juicio social y un número casi infinito de otras variables.

Por lo tanto, basando el estudio en una serie de factores externos a la mente humana, los resultados obtenidos seguirán siendo incompletos y a menudo completamente inconcluyentes. Está claro que analizar lo que ocurre en el cerebro humano desde un punto de vista fisiológico puede ofrecer información que no es necesariamente exhaustiva.

Pero si tomamos este conocimiento y lo combinamos con la investigación de mercado tradicional y los datos de los grupos de discusión, podemos acercarnos a comprender cómo funciona realmente el cerebro de los consumidores cuando toman sus decisiones de compra.

2. ¿Cómo funciona el neuromarketing?

"La mitad de mi presupuesto de publicidad se desperdicia. El problema es que no sé cuál es la mitad".
John Wanamaker

Acabamos de discutir los supuestos teóricos que subyacen a las técnicas de neuromercadeo. A continuación describiremos algunos de sus procesos de operación. La idea básica es que la gente no decide sus compras de una manera completamente racional.

Si gran parte de los procesos de decisión son inconscientes, entonces no podemos saber cómo involucrar a un cliente en la compra estudiando sólo sus productos externos; necesitamos herramientas para investigar incluso esos minúsculos factores que son casi imperceptibles, pero que influyen en el resultado final de una decisión. Hoy en día hay varios dispositivos capaces de medir la actividad cerebral.

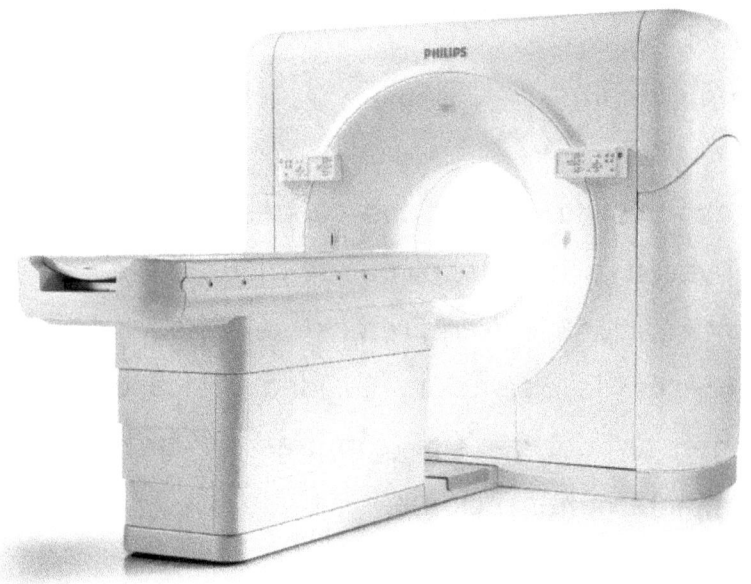

(En la foto hay una máquina Philips para escanear a través de la tomografía axial computarizada).

La comercialización neurológica incluye el uso de una serie de técnicas de investigación derivadas de la neurociencia y que son posibles gracias a las últimas innovaciones tecnológicas en el ámbito médico y sanitario. Se pueden utilizar las mismas metodologías tanto para el diagnóstico como para entender mejor el funcionamiento del cerebro humano.

En particular, el marketing neuronal hace uso de las siguientes herramientas:

- imagen funcional del cerebro;
- el escaneo cerebral;
- control del movimiento de los ojos cuando se muestra un reclamo, producto o marca;
- la actividad de medición del cerebro metabólico.

Como acabamos de ver, muchos de estos métodos de observación se derivan del equipo médico, que más tarde se utilizó para la investigación psicológica, sociológica y publicitaria.

Para saber más sobre ellos podemos citar, por ejemplo:

- Tomografía axial computarizada (abreviada como CT), con la que se toma una serie de rayos X de secciones horizontales del cerebro vivo;
- la imagen de resonancia electromagnética. Funciona midiendo las ondas emitidas por los átomos de hidrógeno contra el campo magnético proyectado en el cerebro;
- tomografía por emisión de positrones (también conocida como PET), que proporciona información sobre la actividad metabólica del cerebro;
- electroencefalograma (también llamado EEG). Mide la intensidad de las ondas producidas por el cerebro y permite analizar los estados de conciencia en los que se encuentra un individuo.

También hay otros métodos de investigación no invasivos, algunos de los cuales ya son muy sofisticados, otros todavía en desarrollo.

No sólo son importantes las herramientas de investigación en sí mismas, sino también la forma en que se llevan a cabo estos escaneos. En particular, las mediciones se intentan cuando las personas están tomando decisiones, o mientras ven y reconocen marcas o productos de marca.

¿De qué manera específica se utilizan estos instrumentos? Un ejemplo es la medición de la actividad cerebral a la vista de un determinado producto. Por ejemplo, es posible observar la reacción diferente entre dos productos idénticos pero con marcas diferentes, o entre dos envases idénticos pero de diferente color.

Los datos obtenidos tienen la ventaja de ser mensurables desde un punto de vista métrico, en contraste con lo que puede suceder con las emociones personales. El individuo sometido al experimento no tiene necesariamente que expresarse verbalmente sobre cuál es su preferencia; si lo hace, puede incluso ser contrario a lo que se registra electroquímicamente.

Un ejemplo sorprendente de este proceso se ha presentado en la literatura a través de la investigación de M. Lindstrom (Buyologu. Truth and Lies About Why We Buy, 2008 - The Doubleday Publishing Group), sobre la función de las advertencias de riesgo para la salud en los paquetes de cigarrillos.

Contra la evidencia lógica, la presencia de afirmaciones como "fumar mata", "fumar es malo para la salud" o "fumar causa enfisema" no ha resultado ser lo suficientemente alarmante como para que los fumadores dejen de fumar.

Lindstrom trató de entender por qué, usando las herramientas de escaneo cerebral explicadas anteriormente. Los resultados fueron sorprendentes: las frases disuasorias estaban destinadas a estimular el núcleo accumbes, el área de placer de los fumadores.

Aunque las sentencias tenían la intención de disuadir a la gente de fumar, tuvieron el efecto contrario. La vista del paquete activó el área de placer del cerebro, estimulando efectivamente el consumo.

Por otra parte, si trataban de comprender la eficacia de la medida interrogando a los fumadores, decían que las frases disuasorias funcionaban y les hacían tomar conciencia de los riesgos de fumar.

Este es un ejemplo clásico de cómo el neuromarketing puede sacar a la luz las contradicciones entre las construcciones psíquicas conscientes y los procesos inconscientes, que funcionan a un nivel no directamente investigable en nuestra conciencia.

Otro campo de investigación que ha ofrecido información fundamental para la comprensión de los mecanismos de toma de decisiones en las elecciones de compra es el de las neuronas espejo (también llamadas neuromirros).

Se trata de células neuronales particulares localizadas hace unos diez años por el investigador italiano Giacomo Rizzolatti, en la corteza promotora ventral y en el lóbulo parietal inferior. Las mirroneuronas tienen la particularidad de activarse cuando realizan un movimiento específico y/u observan el mismo movimiento realizado por otro individuo.

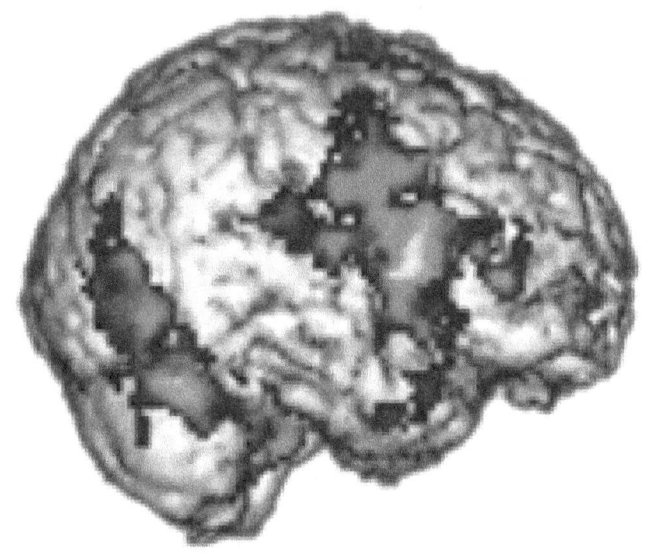

(En la imagen, las neuronas espejo en su fase de activación durante una exploración cerebral).

El término espejo se utiliza para indicar la función de imitación particular de este aparato neurológico.

Por otro lado, el sistema de espejos tiene implicaciones muy fuertes en las emociones humanas. Habilidades tales como sentir empatía, comprensión emocional de lo que se está observando e identificación dependen fuertemente de estas células.

El mecanismo de resonancia que subyace en las neuronas espejo es capaz de explicar muchas de las elecciones de compra que se realizan porque el producto o servicio adquirido era familiar, o tenía la capacidad de resonar dentro del cerebro del comprador.

Este conocimiento ha sentado las bases de las explicaciones neurobiológicas de muchas conductas de compra impulsiva que anteriormente no encontraban razones válidas, basadas en las teorías del consumidor racional y la compra consciente.

Es evidente que el descubrimiento de esos mecanismos requirió años de investigación y experimentación y no pudo determinarse mediante un simple razonamiento deductivo.

Uno de los principales retos del neuromercadeo es identificar aquellas señales débiles u ocultas que normalmente influyen en nuestras decisiones de compra. Para lograrlo, en la próxima capital iremos un paso más allá, estudiando cómo se estructura el órgano más complejo del cuerpo humano: el cerebro.

3. ¿Cuáles son los elementos clave del marketing neuronal?

Para entender los elementos clave del marketing neuronal, es esencial averiguar cómo se dividen las funciones cognitivas dentro del cerebro humano. Hemos dicho que en las elecciones de compra hay una discrasia entre las justificaciones racionales del comportamiento y las excusas inconscientes.

Estas diferencias son el producto de una organización fisiológica precisa del cerebro, debido a la cual hay una falta de coordinación entre la intención y la acción. Por lo tanto, muchas de las elecciones de compra irracionales son el resultado de procesos y construcciones psíquicas de las que no somos conscientes, pero que finalmente se apoderan de la mente racional. Si queremos entender este mecanismo es necesario, en primer lugar, entender cómo está estructurado nuestro aparato de pensamiento.

El sistema nervioso humano consiste principalmente en el sistema nervioso central (SNC), el sistema nervioso periférico (SNP) y el sistema nervioso autónomo (SNA). El cerebro está contenido en el sistema nervioso central y consta de tres estructuras principales: el cerebro anterior, el cerebro medio y el rombocefalo.

El cerebro anterior es la parte más grande del cerebro, y es también el que realiza la mayoría de las funciones complejas; entre sus tareas está la codificación de la información procedente de los órganos sensoriales, pero también la gestión de muchas funciones cognitivas muy elaboradas, como el aprendizaje, la resolución de problemas y el lenguaje.

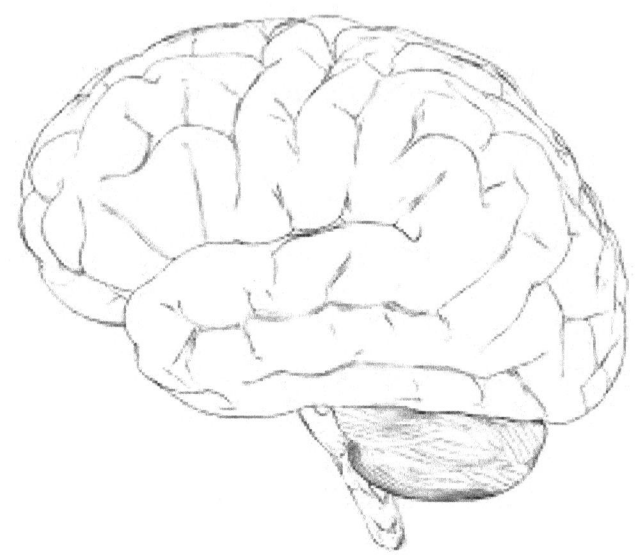

(En la imagen, una representación gráfica del cerebro humano).

Dentro del cerebro anterior, una función muy importante es realizada por la corteza cerebral, una de las partes más recientes desde el punto de vista evolutivo.

El cerebro anterior también incluye el sistema límbico, el tálamo y el hipotálamo, mientras que el mesencéfalo está formado por el techo y el segmento. Por último, el romboencefalo está compuesto por cerebelo, puente y médula oblonga.

Para evitar ser demasiado específicos y confundir las ideas del lector, podríamos resumir la estructura del cerebro humano según su formación evolutiva (empezando por la parte más reciente hasta la más antigua).

Podemos así tomar para siempre la clasificación sugerida por P. Renvoisé y C. Morin (Neuromarketing, il nervo della vendita, 2007 - Editorial Le Lettere), según el cual las diferentes partes del cerebro coexisten simultáneamente y con un gran grado de independencia:

- un cerebro más reciente, el asiento de nuestra acción racional (representado por la corteza cerebral);
- un cerebro más arcaico, sede de nuestras emociones (representado por el tálamo y el

hipotálamo);

- finalmente, un cerebro intermedio con funciones de mediación y comunicación entre las dos partes (representado por el romboencefalo).

Cuando tomamos una decisión, ¿cuál de estas partes entra en juego? La respuesta es exactamente el campo de la investigación del neuromercado. No es posible ofrecer una solución universal y adaptable a la cuestión; el contexto influye fuertemente en la parte del cerebro que utilizamos cuando hacemos una elección.

Por ejemplo, utilizamos principalmente partes diferentes cuando la elección es de poca importancia para nosotros en comparación con cuando va a influir drásticamente en nuestra vida.

De la misma manera, tener mucho tiempo para una decisión activará una parte diferente del cerebro que cuando necesitamos hacer una elección en un tiempo muy corto o incluso unos pocos segundos.

Para comprender si una decisión de compra está más influida por el cerebro reciente o arcaico, se pueden observar tres tipos de indicadores:

- el nivel de atención del sujeto. En particular, la capacidad de atención es la función que nos permite seleccionar algunos estímulos ambientales e ignorar otros al mismo tiempo. Si no hubiéramos desarrollado la capacidad de centrar nuestra atención a voluntad, sería imposible tomar decisiones porque estaríamos literalmente abrumados por los estímulos.
- El nivel y las habilidades mnésticas. Las elecciones de compra están influenciadas por nuestras elecciones previas y la habilidad de recordar eventos destacados, características del producto, pero también reclamos, mensajes publicitarios y eslóganes.
- Finalmente, el nivel emocional que

experimentamos durante el proceso de compra. En algunos casos, el estado de ánimo subyacente tiene un potencial de intervención limitado. Por el contrario, cuando tomamos decisiones importantes, no basta con persuadir al cerebro más reciente, sino que también es necesario convencer al cerebro arcaico. Debemos sentir que estamos haciendo lo correcto.

Estos elementos son particularmente interesantes en comparación con los métodos tradicionales de análisis de las opciones de consumo, porque ofrecen nuevas ideas en comparación con el simple análisis racional o motivacional del consumidor. Estas nociones son importantes ya que la tasa de supervivencia de las nuevas empresas a cinco años en la UE cae por debajo del 50%.

Estos sencillos datos son suficientes para mostrar cómo los métodos de análisis de mercado y el estudio de las perspectivas utilizados por muchas empresas hasta ahora son muy deficientes.

Piense en las empresas de nueva creación y en los nuevos empresarios que no tienen los hombros cubiertos por una empresa existente y que deben basar el éxito de su empresa en la comprensión del mercado objetivo; para ellos, la neuromarketing es la disciplina que puede proporcionarles la misma información que antes sólo podía adquirirse mediante un largo y costoso proceso de ensayo y error.

4. ¿Cuáles son las reglas básicas del marketing neuronal?

Hemos encontrado que el neuromercado mide principalmente tres factores en el momento de la decisión de compra: el nivel de atención, las habilidades mnésticas y el nivel emocional de un individuo. Utilizando estos principios como base de un proyecto de marketing, podemos definir algunas reglas a seguir cuando se crea una campaña publicitaria de éxito.

Primero, tendremos que lidiar con el nivel de atención. Desde el nacimiento de este campo, llamar la atención de los clientes ha sido siempre el principal objetivo de la publicidad. La razón de esto es muy simple: sin la atención del destinatario, incluso el mejor anuncio u oferta promocional está condenado al fracaso.

Según el neuromarketing, para conseguir la

atención de la gente es necesario alcanzar dos objetivos. El primero es hablar con los dos cerebros del receptor, es decir, el reciente y el arcaico. Utilizando la terminología psicoanalítica, podríamos decir que es esencial abordar tanto el consciente como el inconsciente del individuo.

Muchos anunciantes se centran en sólo uno de estos dos puntos. Por ejemplo, se centran exclusivamente en las cualidades lógicas y racionales del producto. Otros hablan exclusivamente al cerebro arcaico, sin ofrecer ninguna justificación racional para la compra. Este es un error que debe ser corregido.

El segundo objetivo es ofrecer la solución a un problema real del individuo. Por lo tanto, el receptor debe sentir que el producto o servicio ofrecido contribuirá realmente a mejorar su vida. En cierto modo, podríamos decir que el beneficio percibido de la decisión de compra debe ser mayor que la cantidad gastada. Muchas campañas publicitarias fracasan porque no logran ninguno de estos dos objetivos. A menudo el producto o servicio es de gran calidad, pero la comercialización que lo acompaña no logra captar la atención de los clientes potenciales. Otras veces tratan de aprovechar los aspectos erróneos del producto, que no se perciben como soluciones a uno o más problemas.

Es importante hacer una pequeña anotación; el hecho de que la conversión de una compra sea una solución a un problema no significa necesariamente que tenga que resolver una necesidad primaria del individuo. Piense, por ejemplo, en los numerosos productos de las marcas de primera calidad, que pueden considerarse completamente voluptuosos, pero que son muy bienvenidos porque ofrecen soluciones convenientes para la representación del estatus (es el caso del lujo).

Una vez obtenida la atención del cliente potencial, es importante que el mensaje pueda ser vinculado a las capacidades mnésticas del cerebro. Una de las técnicas más utilizadas (especialmente en el campo de la marca) es la de la repetición. La marca de la compañía se repite varias veces hasta que entra en la memoria a largo plazo de las personas.

La deficiencia de esta estrategia es el alto costo que implica el logro de resultados estables y duraderos. De hecho, la mayoría de las empresas no pueden permitirse este nivel de esfuerzo publicitario, y sin un umbral mínimo de gasto, la repetición de la reclamación correría el riesgo de frustrar el presupuesto gastado.

Una alternativa práctica es aprender a diferenciar. El cerebro está acostumbrado a asimilar las diferencias, por lo que los clientes sólo pueden recordar su empresa o sus productos cuando se comparan con los de la competencia. Si los empresarios y los expertos en comercialización tuvieran en cuenta este principio, muchos anuncios autorreferenciales ineficaces e innecesarios desaparecerían en un abrir y cerrar de ojos.

Por lo tanto, cuando planifique sus actividades de comercialización, recuerde destacar la diferencia entre ellas y sus competidores en cuanto a precio, calidad, atención al cliente o cualquier otro aspecto que pueda ser decisivo para la solución buscada por el cliente.

Por último, pero no menos importante, es la implicación emocional del cliente. Para lograrlo, deberá asegurarse de que su producto o servicio no sólo sea útil y racional, sino también atractivo. Esto es posible cuando se conoce a fondo la base de clientes:

- ¿qué palabras son capaces de atraer realmente a sus clientes?

- ¿Cómo quieren sentirse los clientes después de la compra?

- ¿Qué emociones esperan sentir sus clientes cuando usan sus productos o servicios?

La emoción es el interruptor capaz de neutralizar las muchas objeciones de la mente racional, especialmente cuando son desmotivadas o arbitrarias. De acuerdo con los principios de la neuromarketing, abordar este punto es importante tanto para concluir la venta como para asegurar la satisfacción y la lealtad del cliente a largo plazo.

5. ¿Cómo se crea un mensaje directo al cerebro primitivo?

En este punto de la lectura se han adquirido todos los elementos fundamentales para entender el mecanismo del neuromercado Así que ha llegado el momento de unir las piezas del rompecabezas, con el fin de obtener una visión global sobre el tema.

Si es necesario construir un mensaje publicitario que no sólo se dirija al cerebro racional sino también al primitivo, entonces habrá que reconocer que el proceso de compra no puede limitarse a una simple elección lógica.

Para crear un mensaje dirigido al cerebro primitivo, primero hay que entender que los consumidores de hoy en día no miran un anuncio, sino que lo perciben. Para entender este punto, intente mirar las siguientes imágenes:

(¿Estás listo para dejarlo? - Campaña de sensibilización contra los daños causados por el tabaco).

(¡Silencio y conducción! - Campaña de sensibilización contra el uso de teléfonos móviles mientras se conduce).

Las campañas publicitarias como estas son tan efectivas porque son capaces de hablar simultáneamente con la parte consciente e inconsciente del cerebro. Se trata de afirmaciones que no se observan simplemente, sino que se perciben (de manera diferente a la publicidad tradicional).

Hasta hace unos años, estas percepciones estaban fuera del alcance de los anunciantes. Las herramientas de las que hablamos en los capítulos anteriores han allanado el camino para medir las percepciones, que preceden a la elección de un producto o servicio.

Hablar con el cerebro primitivo es un poco como hablar con el inconsciente de un individuo: es un lugar donde las reglas de la vida diaria tradicional tienden a desvanecerse, hasta que desaparecen.

En el inconsciente no existe el concepto de tiempo lineal; sustituimos a las personas, objetos y eventos, los modificamos y los representamos a través de símbolos o a través de sus opuestos.

Para simplificar el conjunto de procesos neurobiológicos inconscientes acuñé una palabra que pudiera encerrar estos conceptos y que al mismo tiempo fuera fácil de recordar y lista para usar. Cuando se escribe al cerebro primitivo, es crucial seguir la regla de ECCO!, donde el término significa Emoción - Concreción - Contraste - Originalidad.

Veámoslos uno por uno, en profundidad:

- EMOTION. El cerebro primitivo percibe la vida a través de las emociones. No está directamente relacionado con la información sensorial, que es procesada por la corteza. Más bien, está ocupado interpretándolos y preguntándose: ¿qué significa esta información? ¿Qué papel podrían jugar en mi vida?

- CONCRECIÓN. Sirve para asegurar la continuidad de la propia existencia. La búsqueda del concreto se realiza reconociendo formas que ya son familiares. Por otro lado, el cerebro primitivo lucha por entender las ideas que son demasiado complejas, engorrosas o complicadas. Es mejor ofrecerle pocos detalles pero efectivos, en lugar de inundar al cliente potencial con información que se negará a procesar.

- CONTRATO. Este es uno de los metaprogramas más instalados en la mente de las personas. La evolución del hombre siempre ha estado acompañada de contrastes existenciales, por ejemplo: lejos del peligro (el bosque) - hacia la seguridad (la cueva). El hecho de que la ley de contraste forme parte de la evolución humana natural ayuda a comprender por qué está tan arraigada en la mente arcaica, incluso cuando no es muy adaptable al mundo moderno.

- ORIGINALIDAD: el cerebro arcaico quiere recibir mensajes, información y sugerencias diseñadas exclusivamente. La originalidad de la comunicación representa la confirmación de que un producto o un servicio ha sido pensado para él, porque está mal adaptado a la masa generalizada de compradores.

La estrategia ECCO! puede ser fácilmente usada para mejorar cada aspecto del producto o servicio que quieres vender.

Por ejemplo, puede aplicarse en el ámbito del embalaje, la imagen de marca, la marca, el diseño del producto, la comunicación institucional y de las partes interesadas.

Puede probar fácilmente su comunicación publicitaria actual cambiando sus mensajes según estas cuatro sencillas reglas de funcionamiento.

Finalmente, aclaremos un último aspecto: construir un mensaje publicitario pensando sólo en el cerebro primitivo no tiene sentido. Si uno de los capítulos de esta guía está dedicado a este propósito, es porque la mayoría de las personas de la industria no tienen ningún problema en preparar anuncios para el cerebro racional, mientras que a menudo ignoran cómo construir anuncios dedicados al cerebro primitivo.

6. ¿Cómo se puede emplear el neuromarketing?

Hemos llegado a la parte pragmática de esta guía. En las próximas páginas utilizaremos historias de casos para demostrar cómo se han aplicado las normas y estrategias de neuromercadeo en campañas de promoción exitosas.

En los capítulos anteriores hemos visto que esta innovadora tecnología trabaja principalmente en tres factores: atención, memoria y emoción.

Ganar la atención del cliente potencial es el primer paso para comunicar eficazmente un producto o servicio. Hoy en día el mundo está sobrecargado, tanto que está abarrotado de productos; muchas cadenas de venta al por menor a gran escala (GDO) se han puesto a trabajar para superar este estado de sobreexposición. Uno de los principales problemas del comercio tradicional es la enorme disponibilidad de diferentes productos, lo que resulta confuso para el cliente.

Sheena Iyengar (investigadora y profesora de psicología en la Universidad de Columbia) estudió este problema analizando el mercado de los tarros de mermelada.

Primero, descubrió que la mayoría de las marcas en distribución ofrecían hasta 24 sabores y calidades diferentes de mermelada. Frente a esta gran variedad, el 60% de los clientes del supermercado se detuvieron a mirar los frascos, pero sólo el 3% hizo realmente una compra.

Iyengar comprendió que hay que intentar un enfoque diferente. Se preguntó qué pasaría si se redujera el exceso de oferta, permitiendo a la gente centrar su atención en menos productos.

Al día siguiente de la primera medición, los productos de las estanterías fueron sustituidos por sólo seis productos.

La respuesta de los clientes ha sido extraordinaria. Aunque el porcentaje de personas que se detuvieron a mirar el producto bajó al 40%, el número de conversiones en venta aumentó al 30% (desde el 3% anterior).

Un ejemplo igualmente interesante es la capacidad de retención mnéstica de un anuncio, creado según los principios del neuromarketing. En 2004 un grupo de investigadores bajo la supervisión de Read Montague (neurocientífico del Baylor College of Medicine de Houston), ensayó mediante métodos de imagen funcional la diferente percepción del cliente entre dos marcas históricas de bebidas gaseosas: Pepsi y Coca Cola.

El estudio tenía como objetivo entender en qué se basaban las preferencias por una bebida en lugar de otra. Los estudios de comercialización tradicionales elaboraron numerosas hipótesis (basadas, por ejemplo, en el gusto, la percepción de la marca, la eficacia de la comercialización), sin poder dar nunca una explicación definitiva.

Montague creó en primer lugar una prueba ciega, en la que se ofrecía la bebida sin especificar la marca de origen. Entre las bebidas probadas, ninguno de los sujetos implicados demostró ser capaz de identificar la marca de forma estable y duradera.

Pero como el investigador mostró el producto asociado a la marca, las preferencias por la Coca Cola aumentaron muy fuertemente.

Analizando estos resultados con la técnica de imagen funcional, se comprobó que ambos productos activaban el área de la corteza prefrontal responsable del procesamiento de los estímulos; pero en el caso específico de la Coca Cola, también se activaban las áreas responsables del control cognitivo y la memoria de trabajo.

En cierto modo, la percepción sensorial se vio distorsionada por la experiencia previa y lo que los consumidores habían almacenado sobre las dos marcas. Sin embargo, si se pedía a la gente que probara las bebidas sin indicar la marca, las respuestas indicaban que los sabores de las dos bebidas eran igualmente agradables.

Por último, el neuromarketing ofrece la posibilidad concreta de aprovechar la implicación del individuo, actuando a través de una herramienta muy poderosa: las emociones.

Imagina por un momento que conduces durante mucho tiempo y empiezas a sentir un poco de hambre.

Te gustaría parar, pero la idea de perder el tiempo actúa de forma desmotivadora y te hace desistir de satisfacer tu necesidad.

Tal vez pienses que no es hora de tomar un descanso cuando ves un póster como este frente a tus ojos:

Claramente, la imagen es muy sugerente. Por sí solo, vale más que mil palabras y representa un verdadero trastorno emocional para el conductor.

Observar a una persona que realiza el acto de

alimentarse es un estímulo primordial concreto, simple y directo, capaz de activar la parte más arcaica del cerebro. Además, el enfoque visual golpea y enciende las neuronas espejo, la estructura cortical responsable de la identificación que se activa al observar una imagen o una acción realizada externamente.

¡Esto no es todo! Si por un lado la imagen invita a satisfacer el hambre, por otro lado el texto está destinado a neutralizar cualquier objeción al estímulo. La leyenda dice: "todo lo que puedas comer", o "todo lo que puedas comer".

Se trata de una fórmula comercial muy poderosa que estimula el concepto primordial de la comida como recurso limitado, ofreciendo la oportunidad de comer todo lo que se quiera, por un precio fijo acordado de antemano. El objetivo es simple: eliminar el dolor asociado a la decisión de compra. Esto se logra neutralizando las objeciones que normalmente frenan el impulso inicial: "Perderé un tiempo precioso, llegaré tarde a la cita, llegaré tarde a casa" y otros pensamientos retrospectivos similares pasarán a un segundo plano para la completa satisfacción del propio impulso arcaico de hambre.

Ejemplos como estos ponen de relieve cómo el neuromarketing es una herramienta muy eficaz para comprender la toma de decisiones de los consumidores.

7. Neuromercadeo y manipulación

Cuando se trata de utilizar las últimas investigaciones científicas para promover un producto o servicio, muchas personas tienen una ansiedad más o menos oculta. ¿Dónde está la línea entre proporcionar al cliente exactamente lo que pide y conocerlo tan bien que necesita algo que realmente no necesita?

Algunas personas piensan que la neuromercadeo es un instrumento demasiado invasivo, tan eficaz como para superar el límite que se acaba de describir; siguiendo esta línea de pensamiento, debería estar fuertemente limitado. Otros demandan su completa eliminación o radiación de cualquier mercado o investigación de productos.

Claramente, hay una franja más moderada que enmarca la investigación en el campo de la neuroeconomía por lo que es, es decir, un instrumento. Como tal, su neutralidad puede ser destacada en primer lugar.

El lado interesante de la cuestión es que el neuromercado actúa como un dispositivo de comprensión y no de coacción. Es útil para comprender lo que una persona piensa realmente sobre un producto o servicio, pero no opera directamente sobre los procesos de elección del individuo.

No hay que cometer el error de pensar que la decisión de compra está directamente relacionada con la mente arcaica y el nivel emocional alcanzado por el cliente potencial. No hay un proceso lineal de causa y efecto, directamente conectado entre el mensaje publicitario y la compra; por lo tanto, no hay garantía de que la implicación emocional se convierta siempre y en cada ocasión en una transacción.

El uso legítimo o ilegítimo que se puede hacer del neuromercado depende del libre albedrío. Esta tecnología puede utilizarse de manera poco ética, por ejemplo, con fines de propaganda política, o en aras del bien, como en campañas publicitarias progresistas o para organizaciones sin fines de lucro.

El futuro de la comercialización pasa por reunir cada vez más información sobre los consumidores y sus deseos. Piensa en los datos que ya están en posesión de grandes redes digitales como Google o Facebook.

A medida que estos datos crezcan, será posible encontrar nuevos contextos en los que tanto las empresas como sus clientes puedan beneficiarse de ellos.

Nada menos que la mente humana está compuesta por miles de millones de células y seguirá siendo durante mucho tiempo uno de los mayores misterios de la ciencia. Por muy eficaces y refinadas que sean las técnicas de neuromercadeo en comparación con los antecedentes de los conocimientos previos, siempre quedará un enorme margen para la incomprensión de los innumerables factores que determinan las decisiones en contextos de la vida real.

La información y los conocimientos de los estudios de esta nueva disciplina se combinan con los datos recogidos mediante los métodos tradicionales de comercialización, no con fines de manipulación sino para permitir a las empresas proporcionar el tipo de experiencia y de producto que los compradores realmente desean.

Este proceso debe tener lugar en un contexto regulado, ya que en realidad se considera la publicidad. Quienes trabajan en el sector saben que deben someterse a un código de conducta propio, aplicado por los órganos encargados de salvaguardar la competencia (leal) y la protección del consumidor.

El marketing neuronal no es una forma de manipulación, sino una metodología de comunicación muy evolucionada. Por lo tanto, puede ser usado en un sentido constructivo o destructivo de acuerdo a su propósito.

Hay algunos campos especialmente sensibles que requieren una atención especial, como el sector médico-farmacéutico, el alcohol y el tabaco, la industria del juego y la industria alimentaria.

En estos sectores suelen producirse excesos en las afirmaciones publicitarias (no necesariamente relacionados con la disciplina de la neuromercadeo); por lo tanto, es útil una supervisión cuidadosa, capaz de frenar los excesos y los usos moralmente deplorables de estas nuevas tecnologías.

Al mismo tiempo, el neuromarketing puede ayudar concretamente a las empresas a crear productos mejores y más satisfactorios para sus clientes, a advertir a la gente contra las compras irracionales (evitando así el remordimiento posventa, que tiene efectos negativos en las actividades de marca) y a fomentar la lealtad de los clientes.

Además, estas mismas técnicas pueden ser utilizadas por instituciones públicas, organizaciones sin fines de lucro y proyectos de beneficio público, por ejemplo en campos como la educación, la salud, la nutrición, la política y el bienestar en general. Esta base de argumentos puede demostrar la naturaleza "neutral" de esta herramienta; el resto está en manos de quienes decidirán cómo utilizarla.

Conclusión

Hemos llegado al final de nuestro viaje de descubrimiento del neuromercado. En el curso de esta guía hemos descubierto los mecanismos de trabajo de este innovador campo de la publicidad.

En particular, los primeros capítulos se dedicaron a la explicación de los mecanismos neurobiológicos y neurofisiológicos en los que se basa la neuromercadeo, así como a las principales herramientas de investigación, como la resonancia y las imágenes funcionales, el control de los movimientos oculares y el estudio del funcionamiento metabólico del cerebro.

Hemos descubierto la diferencia entre el cerebro arcaico y el cerebro reciente, identificando las neuronas espejo como la base biológica de muchas conductas de elección y compra que no pueden ser explicadas a través de la lógica tradicional del consumo racional.

Estas suposiciones nos han permitido formular una serie de reglas y estrategias básicas, a partir de las cuales es posible dirigir un mensaje publicitario directamente al cerebro más arcaico.

Para comprender mejor estos descubrimientos, hemos visto tres ejemplos operativos de campañas publicitarias realizadas siguiendo los cánones del neuromarketing.

Finalmente, hemos profundizado en los aspectos más controvertidos relacionados con este nuevo campo de estudios, analizando las implicaciones morales y éticas relacionadas con la aplicación de estas sofisticadas herramientas y las consiguientes prácticas publicitarias o comerciales.

El objetivo de esta guía era la transmisión de información básica sobre el neruomarketing; sin embargo, se espera que su lectura haya proporcionado suficientes nociones para apoyar una buena asimilación del tema y para estimular al lector a seguir estudiando.

Prueba de autoevaluación

¡Esta guía termina con una invitación a la acción! El siguiente cuestionario tiene por objeto ayudar al lector a consolidar las nociones teóricas y prácticas que acaba de exponer, mediante un ejercicio con modalidades lúdicas y a la vez formativas. Conocer y comprender cómo funciona el neuromercadeo y sus áreas de aplicación puede ser bastante difícil a primera vista.

La prueba está diseñada para volver a algunos de los pasos más importantes de esta guía, con el fin de consolidar los conceptos fundamentales. A continuación encontrará una serie de preguntas de opción múltiple, que deberá responder indicando la frase correcta. Al final podrás leer las respuestas a las preguntas.

1 - ¿Qué es el neuromarketing?

a) La ciencia del análisis de las opciones de compra, basada en los procesos sociológicos que tienen lugar en el entorno de vida del consumidor.

b) La ciencia del análisis de las opciones de compra, basada en los procesos neurobiológicos que tienen lugar en el cerebro del consumidor.

c) La ciencia del análisis de las decisiones de venta, basada en los procesos neurobiológicos que tienen lugar en los cerebros de los operadores comerciales.

d) Â La ciencia del anÃilisis de las decisiones de compra, basada en los procesos psicológicos del cerebro del consumidor.

2 - ¿Cómo nace el neuromarketing?

a) Junto con el desarrollo de herramientas cada vez más avanzadas para el análisis del cerebro humano.

b) Cuando se entendió que todas las demás herramientas de marketing eran inútiles.

c) De manera completamente fortuita, como para muchos otros descubrimientos científicos.

d) Ninguno de ellos.

3 - Cuáles de estas son las herramientas utilizadas en el neuromercado:

a) Gráficos, funcionalidad, interactividad.

b) Grupos de discusión, estudios de mercado, pruebas de productos.

c) Imagen funcional del cerebro, escáner cerebral, medición metabólica.

d) Comercialización en Internet e investigación de mercados en línea.

4 - ¿Qué son las neuronas espejo?

a) Un grupo de neuronas que se activa cuando se observa un anuncio o una campaña de marketing.

b) Un grupo de neuronas que se activa cuando se piensa en una acción o cuando se observa mientras otro individuo la realiza.

c) La parte del cerebro responsable de entender una afirmación publicitaria.

d) Una metáfora inventada para explicar mejor algunas funciones cerebrales específicas.

5 - ¿Cuáles son los elementos clave del neuromarketing?

a) Cerebro reciente y cerebro arcaico.

b) Cerebro izquierdo y cerebro derecho.

c) Cerebro racional y cerebro creativo.

d) Ninguno de estos.

6 - ¿Qué mide el neurmarketing?

a) Atención, habilidades mnésticas y emociones.

b) Razón, irracionalidad, sentimiento.

c) Excitación, apatía, implicación.

d) Racionalidad, creatividad, irracionalidad.

7 - ¿Cómo se crea un mensaje dirigido al cerebro primitivo?

a) Siguiendo la estrategia del inconsciente;

b) Combinando estrategias conscientes e inconscientes;

c) No es posible crear tal mensaje;

d) Siguiendo la estrategia de ECCO!.

8 - ¿En qué consiste la estrategia ECCO?

a) Extroversión, competencia, comedia, todo incluido;

b) Emoción, concreción, contraste, originalidad;

c) Energía, creación, cooperación, orientación;

d) Ninguno de estos.

9 - ¿En qué ejemplo se ha utilizado el

neuromarketing para estimular el apetito?

a) En la publicidad "Todo lo que puedas comer";
b) En la exhibición de los frascos de mermelada;
c) En el ejemplo de fumar;
d) En la comparación entre la marca Coca-Cola y la Pepsi;

10 - ¿Es la manipulación del neuromercado?

a) Sí, siempre;
b) Es una herramienta. Como tal, puede utilizarse de manera constructiva o manipuladora;
c) Es un instrumento manipulable desde el principio, pero si se modifica puede ser utilizado de manera positiva;
d) No, nunca.

Soluciones

1) B

2) A

3) C

4) B

5) A

6) A

7) D

8) B

9) A

10) B